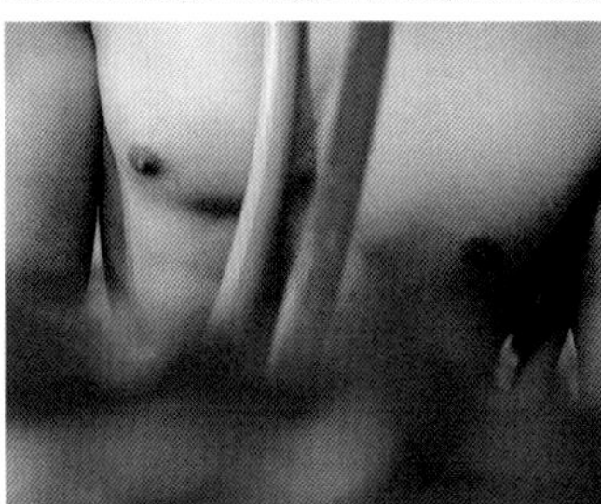

WHOSEMAN

1ST PHOTOBOOK

PERSONAL TRAINER /

JUSTIN

Enjoy nature

Live well, love lots,
and laugh often /

筋肉系健身教練 / Justin

當自己開始進入工作，成為一個大人後，開始學習如何和自己的身體生活，了解到有時操之過急的處理事物反而會讓自己更加跌撞受傷，必須花更多的心力修復，適時的找到自在的方式整理自己，將思緒歸零，好好感受周遭，當再次回到工作崗位上，你會發現自己更有動力。

平常擔任健身教練大多時間都在室內的冷氣房環境中，所以每當難得的休假就會跟著朋友一起開著車遠離都市，到戶外曬曬太陽、進入山林裡體驗登山、露營。

在秋冬天氣轉冷的晚上，我則很喜歡去泡湯，讓上課或是訓練時的肌肉可以有很好的放鬆，同時也可以大量爆汗增加身體的新陳代謝。

MATINEE

FESTIVAL
MATINÉE

In order to be irreplaceable one must always be different.

keep up
the
optimism

MATINEE

CIRCUIT
FESTIVAL

personal trainer

パーソナルトレーナー x しばいぬ の生活

生活中的我，在朋友圈裡個性屬於開朗樂天派，喜歡認識朋友，也許帶一點獅子座的潛在性格，所以對各種新鮮的事物都充滿好奇心，周邊的朋友都說我就像小寵物一樣，勇於嘗試挑戰

對我來說，面對未知一定會經過探索、挫折、並從中找到方法到克服，再從每一次經驗的累積變成自己的能量，除了強化自己，同時也會讓我獲得更多可以和人分享的事物

24 歲的時候，因為工作的關係我曾經獨自走訪許多個外國城市，在6 年之間分別在不同國家生活過一段時間，不像是旅遊只是短暫的體驗當地，而是踏實的居住生活在其中 。我很感謝當時的自己有勇氣做出了這個決定，讓我體驗很不同於其他人的生活模式，造就了獨立打理好自己生活的能力。

當然在最初轉換一個新的環境，都必須花一些時間調整自己的狀態，雖然辛苦，但這就是跳脫自己的舒適圈 。當時真的過的很有挑戰性，大家可能都不知道，對於初次在一個陌生的環境生活，光是搞懂公車、巴士就讓我常常坐錯了方向和坐錯站，曾經花費了 3 個小時才順利回到自己的宿舍。

學習面對不同國家的工作模式、處事態度。當遇到在工作或生活中前所未有的挑戰，很多時候再艱難我都會激勵自己

「我可以！ 我辦得到，而且我可以做的很好」

在每一次的跌撞和重建的經驗中更加進步，最後完成了很多項自己本來覺得辦不到的事，成就了又更好的自己，覺得活在每天更向前進步一點點的當下，這樣的自己很棒

「讓自己像一塊海綿一樣，應變外來的壓力，重新由外吸收更多新的元素來強化自己」

vear

送給正在努力挑戰的人一句話

也包括我自己

未來的你會感謝現在的自己

因為你讓自己有更多可能

將自己變的無極限

Energy and persistence

conquer all things.

How to Start Exercising

Never underestimate your power
to change yourself

biceps brachii

abdominal muscles
pectoralis major muscle

2(X)IST

我是從國中的時候就開始接觸運動，國一的時候想透過運動讓自己在成長期增高，所以一開始是從最基礎的居家健身伏地挺身和捲腹開始，到了高中時就和同學一起加入健身房，年紀小小的我們幾乎把平常的零用錢都拿出來繳會員費了。

在健身的初期覺得自己好像大人一樣，模仿旁邊的人學習運動的方式，就有一種自己也很像大人的錯覺，沒有注意到我的姿勢或是運動的方式是不是正確，只覺得自己很威風，直到真正遇到教練指導才發現自己過去的姿勢是錯誤的，甚至也可能會造成運動傷害，後來跟著教練確實的調整動作和操作方式，成果才更加顯著。

當加入健身的行列後你會認識到很多和自己一樣有運動嗜好的人，同時會感受到跟著一樣有運動習慣的夥伴一起運動是非常有趣的事，也會讓自己繼續堅持下去，除了身型有瘦下來，後來更透過器械輔助和重量訓練，感受到肌肉增長的變化，也讓自己更有自信。

2(X)IST

2(X)IST

2(X)IST

2(X)IST

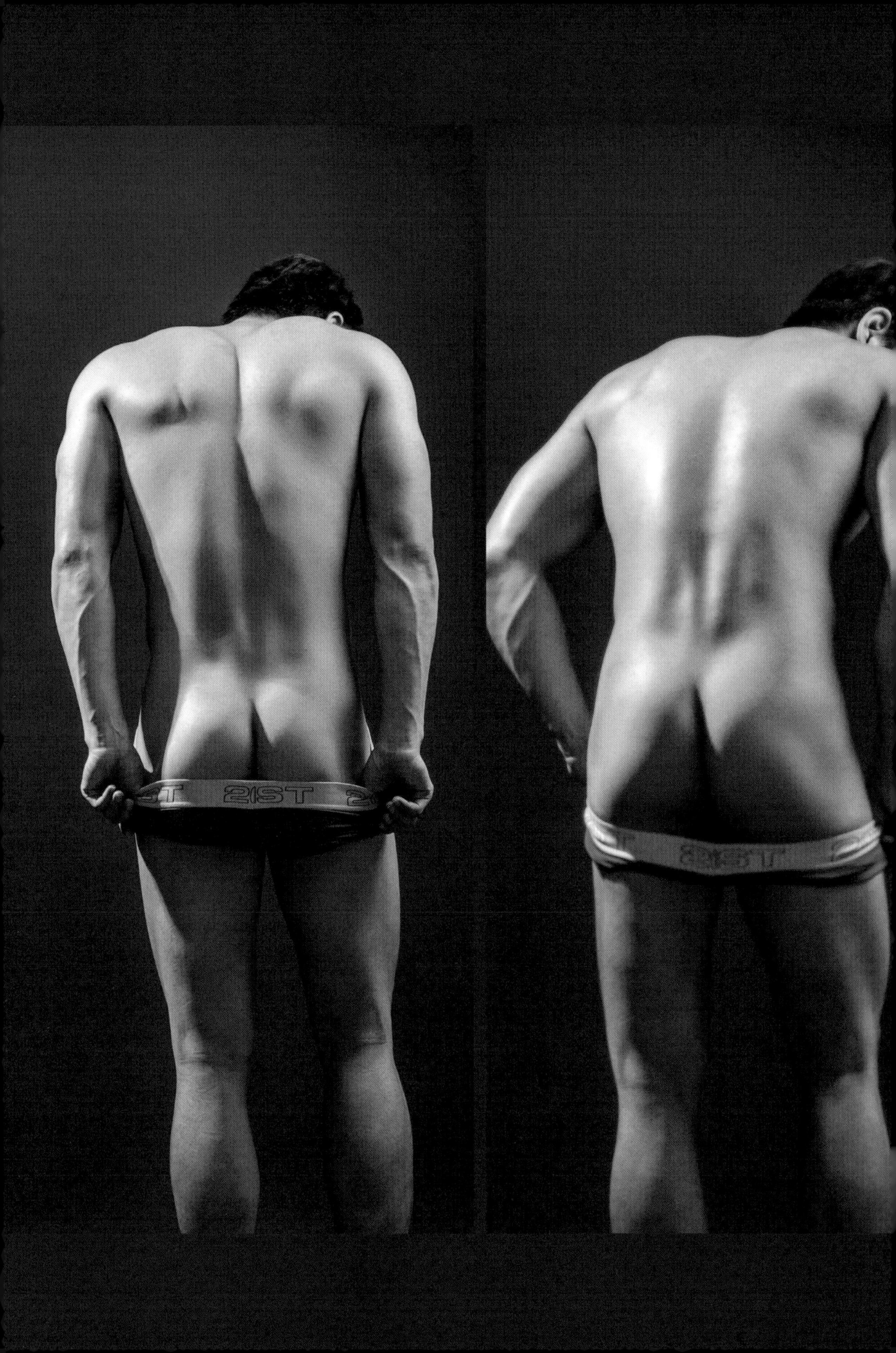
2IST

健身過程中曾遇到什麼樣挫折？

我原本以為影響最大的挫折會是惰性，導致身材沒像之前那麼好，體脂肪隨著運動量減少稍微增加一些， 但是你知道嗎？偷懶是自己選擇的，它不是挫折；我的人生經歷過 4 次手臂脫臼，每一次脫臼必須讓身體休養半年，半年後才可以再接受重量訓練，肌肉也是在這段休養期非常快速的流失，我好幾次真的想放棄，因為過去擔任專業教練時，運動已經成為每天必須得做的事，每個月測量和控制體脂肪的變化，而且當運動變成一種職業，對於當時受傷無法運動的我，無形間也是生活中不得不增加的壓力。

但後來我決定轉變自己的鍛鍊方式，雖然受傷的時候不能鍛煉受傷的手，那我就鍛鍊其他健康的部位，手斷了就練腿，腿斷了就練手，於是我在這段恢復期的訓練做了很多心理建設，心智也強大了。

現在運動反而成了一種動力，下班後的我，會透過運動來調整自己的狀態，同時可以帶給我紓壓的效果，也讓我重新開始找回運動的熱情 ，紀錄著自己的身體變化真的很有成就感。

目前自己練得最有感覺的部位，像是自己都覺得很挺的胸肌，雖然很不好練但也有成果的腹肌，還有每一個朋友看到我的臀部都會叫我柯基臀的屁股。

LOOKS

LOOKSEE

LOOKSEE

challenge

Feel
this
moment

Become

an

Adult

Belief /
Confidence /
Motivation

Knowledge / 成為理想中的自己

從事健康教練累積了 8 年的教學經驗，我很開心可以用自己所學會的技能到幫助身邊的人

我的目標是希望能改善身邊的人的生活狀態，將運動和生活中的飲食、睡覺、工作、遊玩 ... 等活動達到平衡 。

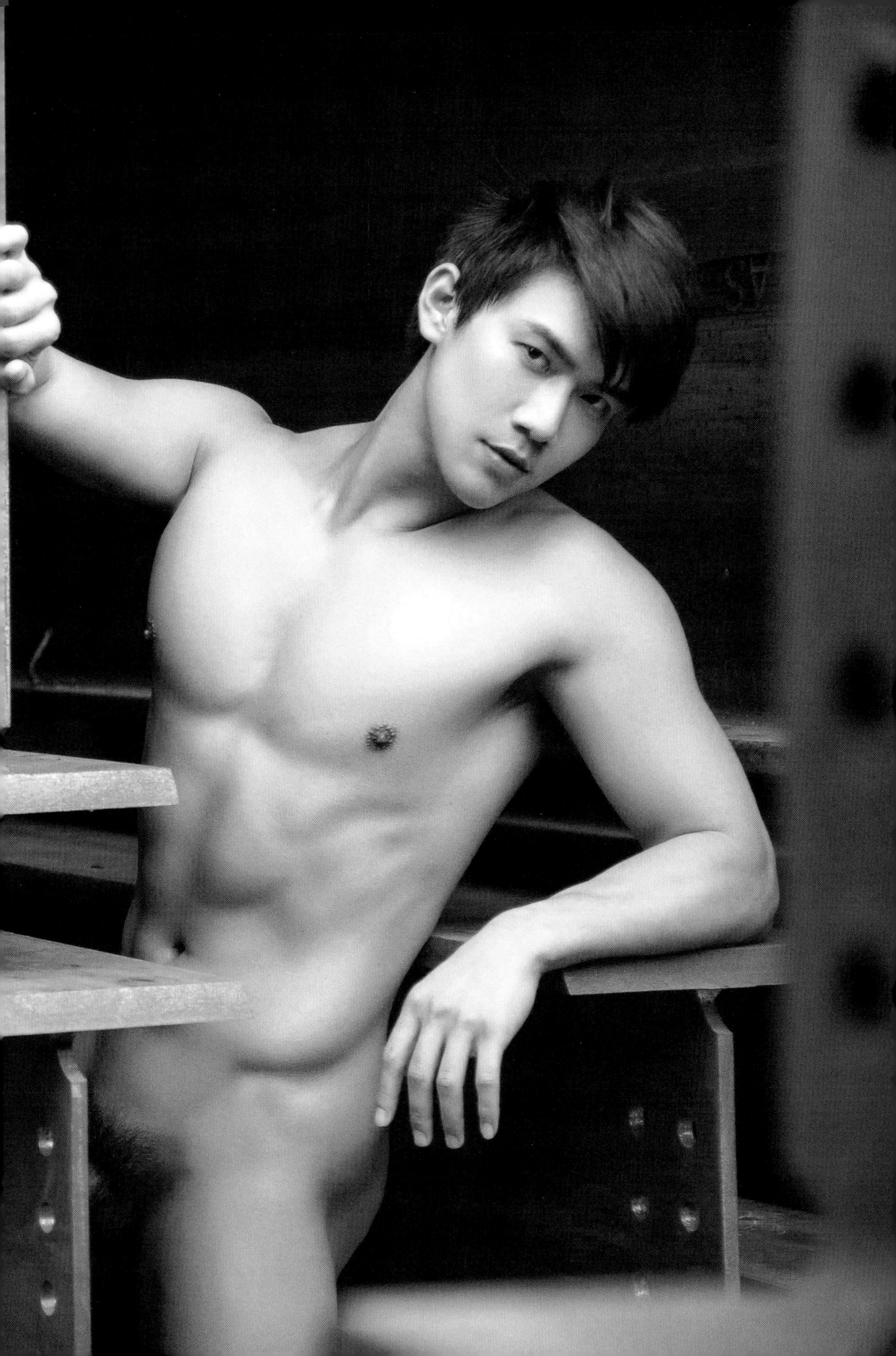

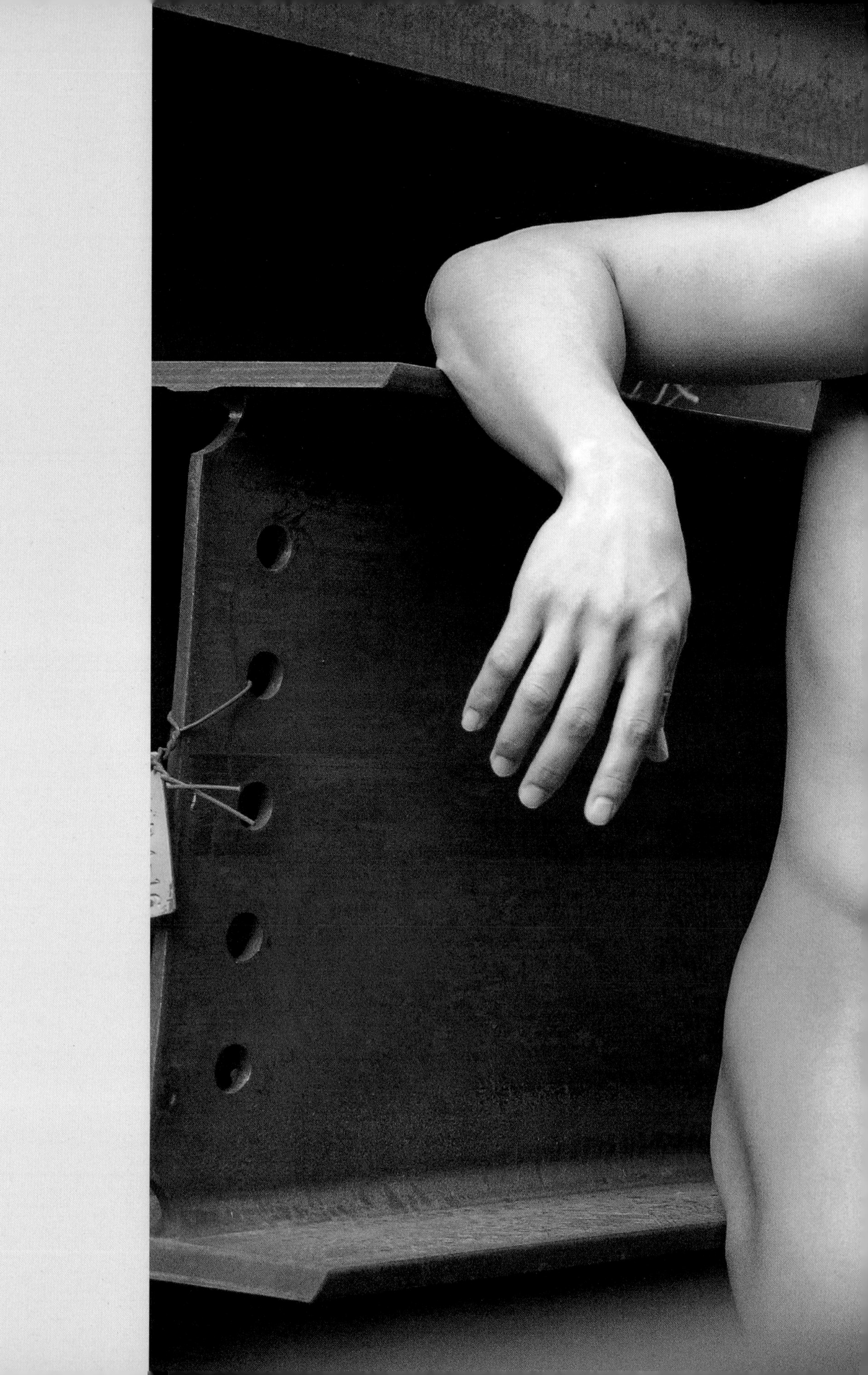

LOOKSEE

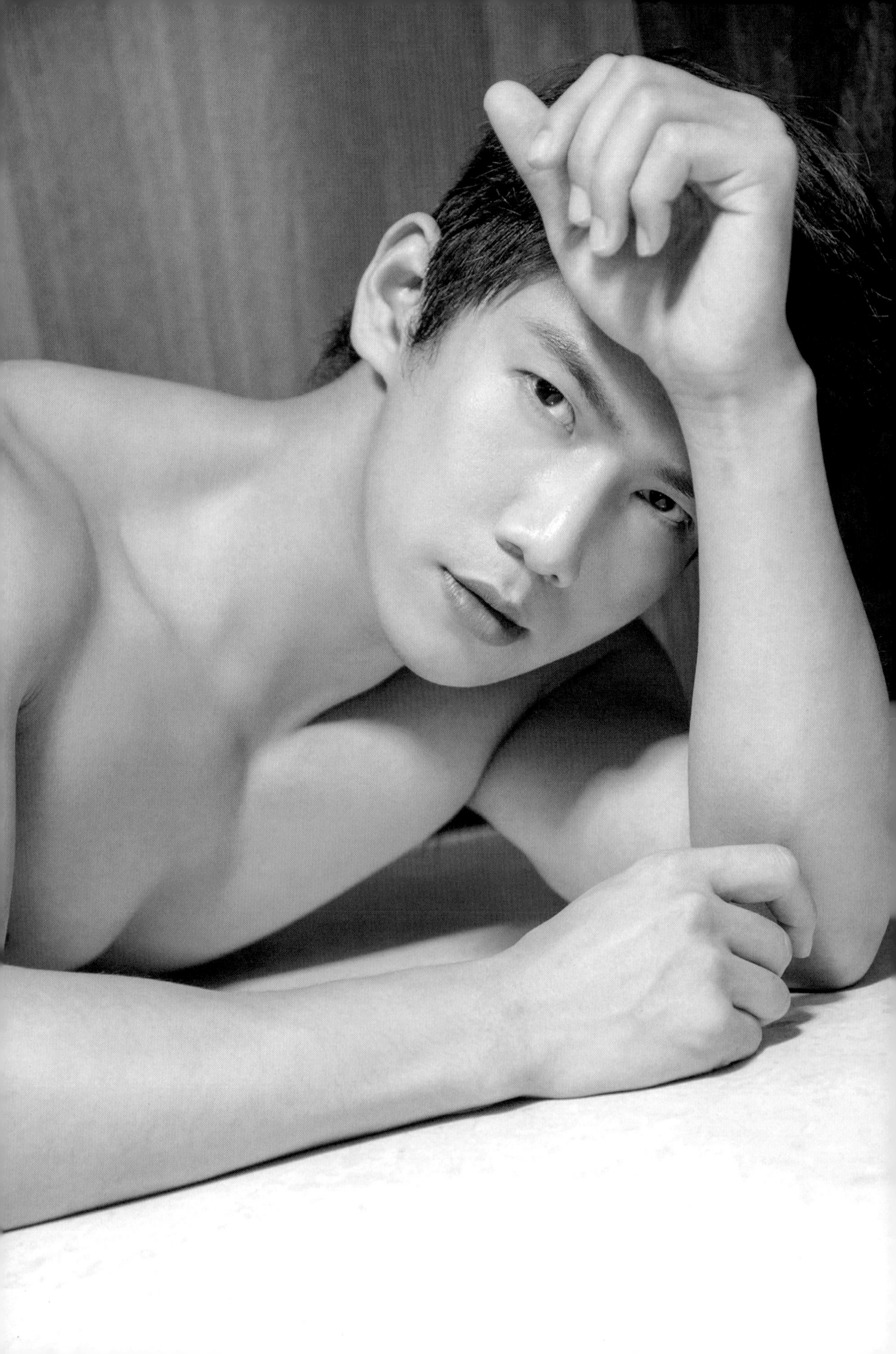

Whatever is
worth doing
is worth doing well.

KEEP ON
G O I N G
Action speak louder than words
and you wii can hang on to your dreams

My style

Of

Living

開始進入酷夏氣溫驟升的季節

隨著每天沖澡的次數變多了

漸漸地也開始習慣把洗澡的水溫轉涼了

每一年到了夏天，我會把握好天氣去泳池游泳的次數

除了消暑，在每一趟自由式的來回間，我調整著在水中手、腳並用的協調性

也是幫助我很好鍛鍊心肺功能的一種運動方式

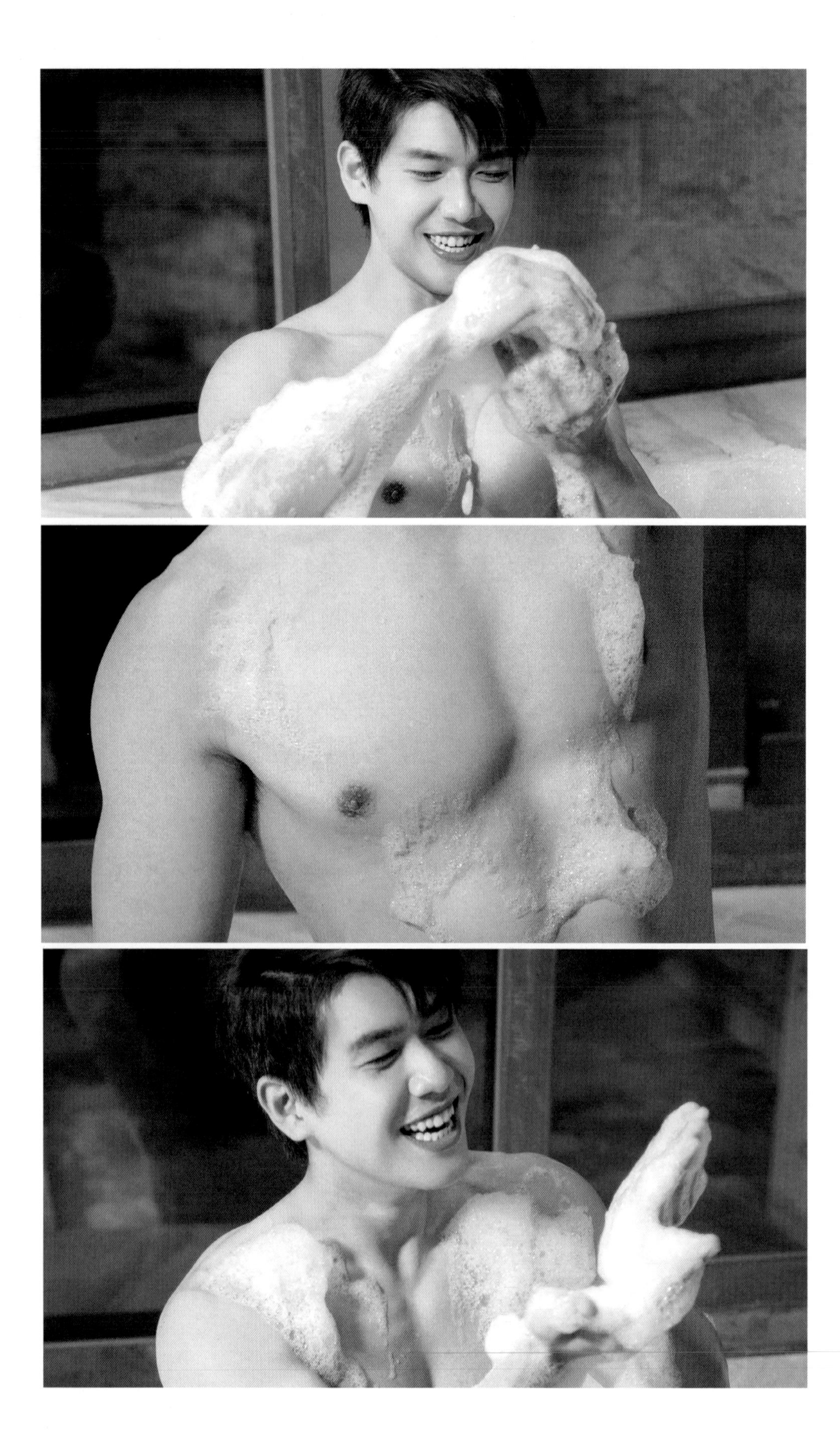

TAKE A BUBBLE BATH

男模招募

RECRUITMENT OF MALE MODELS

須年滿18歲

身材須具備基本線條

尺度選擇

1.若隱若現

2.全裸全見

3.可接受雙人或無限制

報名時交付個人臉部及裸上身清晰照片

照片請保持清晰、不加濾鏡、並在光源明亮處拍攝,

照片張數至少5張以上

攝影師招募

PHOTOGRAPHER RECRUITMENT

徵求特約合作攝影師

無論你是平面攝影師/動態攝影師等

都能夠來挑戰看看

一起將性感時尚帶入新紀元吧

(性感寫真創作 性別無限制 /男/女/男女/男男/女女)

出版合作

AGENT DISTRIBUTION

想讓自己拍攝的寫真作品能廣為人知並有高獲利的銷售嗎?

亞升出版皆提供專業寫真後期製作與代理經銷服務

無論你是平面/ 動態攝影師/個人作家或相關專業人才

包含海內/外網路平台銷售、大型連鎖實體通路販售等

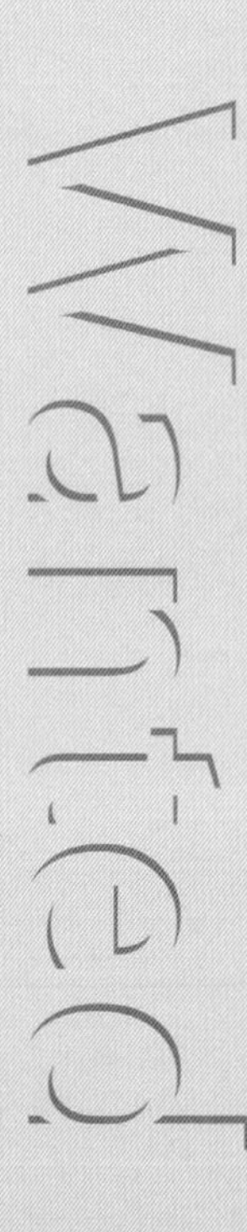

yasheng0401@gmail.com https://www.instagram.com/bluemen_01/

BLUEMEN 官方平台

PUBU 書 城

https://reurl.cc/IL2Y1d

實體書販售

https://reurl.cc/W4gbLD

官方攝影網站

https://reurl.cc/xZ9nGV

藍男色系列寫真電子書

https://reurl.cc/Ob2nXy

Telegram 宣傳頻道

https://t.me/bluemen123

官方IG最新動態

https://is.gd/kEpMeQ

刊　　期　WHOSEMAN　NO. 01

刊　　名　筋肉教練 - JUSTIN 實體寫真書

出 版 社　亞升實業有限公司

攝 影 部　Department of Photography

攝 影 師　張席菻

攝影協力　林奕辰

影音製作　林奕辰 / 蕭名妤

編 輯 部　Editorial department

企劃編程　張席菻 / 張婉茹

排版編輯　林奕辰 / 林憲霖

文字協制　林憲霖

美術設計　林憲霖

法律顧問　宏全聯合法律事務所　蔡宜軒律師

如何與我們聯絡

- 如書籍外觀有破損缺頁、裝訂錯誤等不完整現象，想要換書、退書，或您有大量購書的需求服務，都請與各平台如博客來、PUBU 等實體通路之客服中心聯繫。

- 詢問書籍問題前，請註明您所購買的書名及書號，以及在哪一頁有問題，以便各實體通路平台能加快處理速度為您服務

- 購買書籍後如有需要退 / 換書，請於各實體通路平台規定退 / 換貨天數中提出申請，如超過該平台規定之退 / 換貨天數提出，本公司將不接受原為實體通路之平台退 / 換貨申請，在此聲明

- 退 / 換貨處理時間每個平台無一定天數，請您耐心等候客服中心回覆

- 若對本書有任何改進建議，可將您的問題描述清楚，以 E-mail 寄至以下信箱 yasheng0401@gmail.com